Pascal Debra

Ausgewählte Gedichte
1998-2002

Pascal Debra

Ausgewählte Gedichte
1998-2002

Bibliografische Information der Deutschen National-
bibliothek: Die Deutsche Nationalbibliothek verzeich-
net diese Publikation in der Deutschen Nationalbiblio-
grafie; detaillierte bibliografische Daten sind im Inter-
net über dnb.dnb.de abrufbar.

Titel der Originalausgabe:
Ausgewählte Gedichte 1998-2002 © 2018
Covergestaltung: Pascal Debra ©
Coverphoto: „Little Boy" von LuckyImages © Canva
Alle Rechte vorbehalten
ISBN: 9783746078144

Herstellung und Verlag: BoD - Books on Demand,
Norderstedt, 2018

Vorwort

Die Zusammenstellung dieser Gedichte aus der früheren Phase des Schaffens wurde bereits in verschiedenen Sammlungen publiziert, jedoch nicht in dieser vorliegenden Zusammensetzung.

Wenn auch 2007 der Gedichtband *„Aszendent Äonenfalter"* als Einzelausgabe veröffentlicht wurde und die Jahre 2002-2006 abzudecken vermag und weiterhin als Jubiläumsausgabe von 2018 als gebundene Version im Handel erhältlich ist, so ist nun dennoch eine Art retrospektivische Publikation früheren Materials ein, wenn auch vielleicht nicht notwendiges, so wenigstens doch ein der Gesamtheit verpflichtetes Bedürfnis, insbesondere, da diese Ausgabe in einer moderneren Form (Schrift und Cover) vorliegt.

Die zwei Sammlungen *„Ausgewählte Gedichte"* und *„Spiegelnächte"* sind daher Teil einer überaus produktiven Phase und stehen als unverändertes Gesamtkonzept unter dem Titel *„Ausgewählte Gedichte 1998-2002"* als vorliegende Einzelausgabe vor.

Pascal Debra, Januar 2018

1

Ausgewählte Gedichte (1998-2002)

1

Und wieder wird uns der
Blick ruhig -und näher
entstehen in uns Bilder, die
sanft Dahingelegten.
Nicht Abschied ist in uns
da alles Erleben
uns tiefer bleibt als
sanfte Erinnerung...

Klage des Propheten Sachedian

Unheil gewordnes Schicksal!
Wie warst du mir Geleit
So gingst du von Zeit zu Zeit
mit mir, jedes einzelne Mal...

Nun aber stehst du vor mir
erdrückend an den festen Steinen
Und es ist mir, als müßte ich weinen
vor dieser Engelsgestalt in dir

Wie brichst du ungewohnt
in unsere Mitte, stumm im Kreise
bist du uns Zeichen —oder ist der Mond
unser Irrlicht auf dieser hellen Reise?

Einst waren sie uns stundenlang
entrissen, die Gefühle der Vergangenheit
Nun ist nur in unseren Schritten Sicherheit:
Eine zitternde Tat, die nie gelang

Alles ist mächtig in dir gewesen:
Wie gewaltig baust du uns
 in unserem Wesen
und drängst uns aus allem
 in die Gegenwart
der einstigen Worte...
und sie bleiben im uralten
Blick
—und es ist uns wie eine Predigt
die da prangt in den silbernen
und horchenden
Gestalten

Durchlebt und erprobt und gefangen,
in uns tief gelegen,...
dualem Wesen gleich,...
in Vergänglichem geprägt
wie im Außen,
du Tier der Dinge,...
Du Sinnengeschöpf
meiner weltlichen Tage
Wir besingen dein zukunftsloses
Einst-gewesen-sein

4

Gewiß ist fast nur
was gewesen,...
Die einst befremdende Nacht,
Gefühle, die entlangtastenden
Finger,
in streichelndem Ungewissen,
verboten, wie ein Lachen
welches sanft emportaucht
aus dem roten Samttuch
bewußter Körperlichkeit

Fast im Hauche eines
ungestümen Zugeständnisses
lag einer Wirklichkeit Erwarten
in fließenden, fangenden Flammen,...
in nährenden Gebärden erfüllt.
Einst, dort, wo dein Angesicht ruhte
fällt einsames Schweigen, schließt
und öffnet sich die Welt...
Das sich wendende
Antlitz:
Wiederholung eines
aufopfernden Gedankens...lautlos...
in sich wiederkehrend...

6

Die letzte Nacht des Kampfes

Und die Nacht, die ehemals
dir zutraulich sich wähnte...
wie war sie den geballten
Fäusten aus Unruh und Wollen
erschaffen...
Nun stürzen sie sich schreiend
wie flammende Lanzen gegen den
tosenden Feind, gellend, die Schwerter
der Zeichen, am Gürtel wissend,...
ahnend, den letzen...
Krieg der Nacht...

Niemand wußte es ganz zu verstehen

Niemand wußte es ganz zu verstehen
obwohl alle einzelnen Schritte träfen
wo nur Gnade wäre, wissend: Wir gehen,
gehen wo Traum liegt in den Schläfen

und nie erdachtes Flüstern in der Schrift
deiner Neugier und: Dein waches Gesicht
das nah im lodernden Abendlicht
ein Wort erspürt das mich betrifft...

Und beträfe es mich: Stück für Stück
müßte ich in deinem Gefühl vergehen
Du aber bist in mir geschehen
und bringst dich in mich zurück...

8

In den letzten Dingen fließen
die Gefühle der letzten Einkehr
Wir aber zeigten den anderen:
Den Niegeglaubten...
Die Hand am einstigen Tun-
Das Grab der Flucht...
und dann: dinglose Welt
Dunkles Verschweigen des
Sinnes der Dinge -Wie wäre der Akt
des Fallens in deiner
nie erlebten Handlung...?

Das Gesicht

Sich nicht kennen, sich unverwandt
ansehen, wie einen neuen Morgen im Mai
Deshalb blicke ich an mir vorbei
und schaue nur und sehe zum Rand

des schauernd erblickten Meeres
das über sich selbst, dunkel begann
Und eins nur weiß man: Hehres
Verwirren steht im Gesicht das wortlos zerrann

das sich inmitten des Maies meint
und weiß: Was sich nächtlich in ihr neigt
ist nicht dieser Engel und es weint...
und lächelt zugleich,...und doch: es schweigt

Die samtene Nacht

Alle versuchen die Nacht, die sich samten
auf die schreckhaften Lider legt, dem Leide
Bruder, der Welt, Gestalten in Seide
aus der sie leise stammten

und...wären sie einmal an den Türen,
den unbekannten und nie erreichten, ihnen
wären sie wie glutlose Feuer die sie schüren
und wie Monde, sie sie weltlos überscheinen

Vielleicht wären sie in ihrem Dunkelsein
auch nur ein purpurnes Erwachen, Glut
einer Mondnacht in die man hoffend hinein
blickt,...die Lider im mutlosen Blut...

11

Gibt es in Dir...

Gibt es in Dir einen Namen der ganz innen
in Dir weilt und an deinen Wänden horcht -genug
Traum ist und zwischen den Sinnen
dir sonderbar erscheint? Und ist da ein Krug

aus Ahnen und Versprechen der nie dir gehört?
Sind in dir noch die Gefahren, die da waren
in deiner Zwiegestalt -und nun gestört
sind in ihrem wechselnden Schlaf, dem klaren?

Und ist alles was in dir Wort war niedergeschrieben?
Hat nicht alles in sich Licht wie in Sternen?
Wußtest du noch, daß meine Augen dich lieben
wollten, und daß du nur eins warst: Entfernen?

Geburt

Nun ist alles in sich selbst gesunken
Das Sinken selbst: bejahendes Bewegen
Und fast als wäre der Regen trunken
steht er wankend und wartend auf den Stegen
der Zeit -In welchem Maße bin ich gegangen
und wann war ich ohne dein Geleit?
Denn dort ist Welt -und hier ist Zeit
und weiß: dieses ist das Widerhallen
das damals schon erklang
als ich bang in die Welt gefallen...

Fallende Stille

Nur schwere Asche liegt taub
auf den aufgestellen Tischen
Und in den dunklen, verborgenen Nischen
fällt die Stille, bleiern wie Laub
Und dann schließen die Fenster, wie gefunden
meiden sie den Anblick dem sie einst gewichen,
den sie nicht träumen können,
nicht ahnen wollen
und das was sie werden sollen
ist in ihnen schweigend gebunden
und warten,...warten auf das einstige Weinen
im alten Vereinen
der Welt

Nächtlicher Monolog (Abschied)

Warum liege ich in deinem Bette -warum
heult draußen dieser elende Sturm?
So still kenne ich die Nächte nicht
-doch er, der Sturm wartet auf mich!
Alles steigt in die Nacht; wie ein
Messer hängt sie lauernd in den Kehlen
und dringt stündlich in mich hinein,
wissend um mein nächtliches Fehlen
In deinen glänzenden Haaren
liegen noch die verschwiegenen Ringe
und da sie gezwungen waren
wachsend aufzuatmen in den Dingen
des Abends, blieben sie. Blieben, gezogen
in den Linien des Spiegels, Tröster
der Frauen; sinkend in den Monologen
die in mir lebendig werden, in halberlöster
Bewegung die die Nacht unterbricht
Das Erwachen ist in mir Ding genug
und dich neben mir wissend im tiefen Atemzug,
umarme ich es noch einmal: dein Engelsgesicht...

In den Weinfeldern

Wieviel im Innern ist mit Gott übersät,
dem einen Gebilde, und ich kann nicht glauben:
Sie, die Betenden, hängen an ihm wie Trauben
und wollen Rebe sein und spät
noch Blatt und suchen hinaufzureichen
zu den Dingen des Himmels und meinen
sie wären schwankend in den milden Zeichen
welche den Morgen im wachsenden Vereinen
dunkel umschweben. Du Inneres unterbrichst
deinen eigenen Gesang, wie eine müde Gebärde
und geborgen im süßen Weine der Erde
ruhst du, gebanntes Wachsen, brichst
dich in Demut an den zarten Wangen
eines Mädchens, in dessen Gesang
wir träumend gelangen...

Zyklus der Planeten

Wir sitzen in den Gedanken der Dinge
die geringer
in den Samen der Unendlichkeit kamen
Dort stehen sie in unserer Welt und die Finger
umgeben sie wachsam wie Wächter ohne Namen
und doch sind sie in allen und kennen jeden
Und fast als hätten sie fallende Glieder
der Ewigkeit gegeben , so mögen sie reden
in den gestaltlosen Dingen -und die Lieder,
die kosmischen Lieder, schließen die Augenlider
von tausend Generationen
 in einer halben Ewigkeit
Und dann endlich erscheinen sie den Meistern bereit!
Die Ringe des Lebens führen dir die Gestirne
an den wartenden Mund -und die Augenbrauen
bestreichen sie mit Stundenglanz
-und ehe die Stirne
sich wenden kann, erhellen sich im genauen
Abschnitt des Werdens die weltosen Mienen,
gehen langsame ein in die Rubine des Dienens...

Die Alten der Tage

Was haben die Alten der Tage begonnen,
die sich in den berührenden Zyklen wie Wächter
immerfort verzweigen und gliedern
 in den Sonnen,
dann irgendwann weiterblicken in gerechter
Teilung der Gegenstände im Gegenstand?

Indem sie sich in der einstigen Etüde
verbannt sahen, schreckten sie in ihrem Gewand
und die beiden Zeichen wurden in der Prelüde
der Schöpfung im Wesen des Weges verbannt
Vielleicht waren es auch nur die seltsamen
Stimmen der ewigen und einsamen
Pilger, die sich andächtig verhalten
vor der Ankunft des Einen Alten...

Gebet des einsamen Mönchs

In meiner Hand ruht der Stab des einsamen
Pilgers, in meinem Berühren die Leere...
Geboren ist mein Wesen in den tausend Namen
der Unendlichkeit. Im wilden Meere
der Gedanken führt mich die erbetene Kraft
Und meinen Schritten folgt die Nachbarschaft
einstiger Leben. Es gibt zwei Wege nur
zwischen uns beiden:
Der eine ist das Leiden, der andere Gottes Schwur...

Das Fiebern der Sterne

In den Gassen und Nebenstraßen
liegt das lichte Werden eines Abends
Fast, als wäre es nächtliche Ungewissheit,
fällt ein Lachen durch die Alleen
die jenes Leichte ahnend, nun dunkel vergeht...
Und doch, wie seltsam sich die Berührung
deiner Hand anfühlt
in einer Mondscheinnacht, vom weiten
Abend durchdrungen...
Wir vergessen das Werden im
unentwegten Fiebern der Sterne

Der Hafen

Scheinbar gelassen fließt der Abend
in die Fugen des Hafens
Leicht löst sich der Horizont von den Booten
die, als wären sie vergessen, still
in den Wellen, bedacht sich wiegen
Einsamkeit spricht sich in den Häfen herum
Der Abend verschwindet in den
geschlossenen Augen der nächtlichen Dinge.
Die Nacht aber wird draußen
diesen Booten Amme sein
durch die Geburt ihrer selbst

Lebensstunden

Nur Stunden sinds die unserm Leben Jahre
geben, Quellen die nicht Hände fassen
und doch: ein Gleichgesinnter, der einst klare
Namenszüge in unserm Herzen lassen
mußte, ein Glück aus sicherem Bestand
der irgendwann uns so bekannt
erscheint. Und wenn die Jahre uns umkreisen,
das Alter uns beständig prägt und lenkt.
bleibt uns doch ein Freund im leisen
Gefühl, wenn man irgendwann mal an ihn denkt...

Täglicher Begleiter

Wie schweigst du, fühlend, du Begleiter
deiner nunmehr alten Tage? Der Wind
weht fremd in deinem Wesen weiter
und du merkst öfter nun: Wir sind
wie eine Zeit, die einst nicht war
und doch: die Wiederkehr des Tags im Jahr
ist wie ein heitres Zeichen
in den tiefen Bereichen
deines Herzens. Doch ist es nicht
das seltsame, dich liebende Angesicht
der Zeit, das sich schützend um dich stellt
und im Werden dich täglich, stündlich hält?

An Artemis

Die Welt weckt flüsternd unsre Seelen
Zum Lieben sind sie nun bereit
Und seit die Einsamkeit
von mir gewichen ist:
Anstelle jener Unruh,
steht mein Stern, der du nun bist
wo Liebe ist, -bist du,
ist Fülle göttlicher Vergebung
ist Herzenstiefe, Herzenshebung
Oh, wie vermag dein Blick in
meinen Augen sich betten.
Wo einst noch kalte Ketten
steht nun endlich mir ein Sinn.
Was mich nicht entzweit
das wirkt in meinen warmen
Adern, deren Blut die armen
Herzen tausendfach in Zeit
und lieblichen Genüssen trägt
Dein Kuß der meine Lippen prägt,
wie schließt er wie ein Siegel
meiner Suche Drang nach dir...

Im gleichen Klange wie ein Spiegel
stehn die Herzen uns und mir

ist erfüllender geworden was mich trieb
zu suchen, was ich endlich fand
Heute halt ich deine lichte Hand
und in meinen Augen jene die ich lieb
Seelensehnsucht zeigt sich hell und klar
und ist ein Flammenzeichen für ein Seelenpaar...

Sternenseelen

Zwei lichte Wesen einst
aus dir, oh Gott, entstanden
die du in dir vereinst
sind Seelen die dein Reich umranden
Kaum Wort ist die Vollendung
zweier liebender Gesichter
und die äonenlange Überblendung
faßt die tausendjährige Geschichte
in einen göttlichen Gesang
aus Sternen ein in einem einzigen
göttlichschönsten Klang..
Das Leben in dem wir versanken
vereint uns wie zwei hellichte Flammen,
um die sich Ewigkeiten ranken
um eins zu sein und ewig zusammen...

Die Momente der Nacht, die wie die Sternenregen sind...
(Ein Fragment)

Unsere Schritte erschallen in den Gängen. Ein einsames Geräusch. So arm. Ihr Haar flattert. Wir beeilen uns. Dabei weiß ich nicht warum. Zwischen den Momenten vorbeiziehender Wände, finde ich Ruhe. Das Museum muß sehr alt sein. Wir sind stehen geblieben. Sie dreht sich auf der Stelle. Dann lacht sie. Ihre Ausgelassenheit, ihre strahlenden Augen. Ihre Hand die auf ein Bild zeigt. Die Frage ob ich es kenne.
Sie meint das Bild. Ich schaue mir das Bild an, es scheint aus dem 15ten Jahrhundert zu stammen, wahrscheinlich französisch. Ich sehe ihr Gesicht in mir. Ich kann das Bild nicht mehr sehen. Sie hat sich vor das Bild gestellt. Sie liest. Das Bild heißt: „Der sterbende Stier". Ich blicke zu Boden und schweige. Nein, ich fühle nichts.
Sie lacht.
Plötzlich stehen wir in einem anderen Raum. Die Decke scheint mir höher. Atmen. Ich gehe den Flur entlang. Statuen erscheinen vor unseren

Augen. Erstarrte Gebärden. Ich schaue mich um. Alles ist anders als im vorigen Raum.

Die Statuen stehen im Dialog mit mir. Wo ist sie? Neugierig starrt sie eine Plastik an. Ich bin hinter ihr. Wieder liest sie: Diesmal lauter: „Der fallende Engel

der verwaltet". Ein französisches Werk. Dem Wortlaut
nach!

*

Lange noch stehen wir unter den Zypressen, deren
Schatten sich nach und nach mit der Nacht verschmel-
zen. Wann standen wir zuletzt so zusammen? Vieles
mag sich in jener Zeit geändert haben. Dinge sind uns
in die Hände gelangt, haben sie festgehalten, sie losge-
lassen. Manchmal sind sie im Loslassen gestorben.
Menschen gingen an uns vorüber, und sie waren mir
fremd, und gleich, und jeder war jeder, ohne jemals die
Worte zu tauschen die nötig waren damit nicht jeder
war wie ein anderer. Gleichgültigkeit und Kälte. Ich
blicke in die untergehende Sonne. Rötlich scheint sie
über die Hügel, die Dörfer...die roten Ziegeldächer...
Ich sehe die Menschen und dringe langsam in eine Be-
wegung ein die mich wissen läßt, daß wir leben. Wir
beobachten die Vögel wie sie gen Süden fliegen. Ich
schließe die Augen. Ich muß mich nun fühlen wie ein
Gesang der langsam ansteigt im Winde des Abends.
Leise vibriert der Vogelgesang in mir...Nun weiß ich
es... An diesen Abend muß ich mich immer wieder erin-
nern. Es ist seltsam wie einige Tage dem Menschen
fest in Erinnerung bleiben, wobei sie uns ewig erschei-
nen und man mag glauben, daß jene Erinnerung, je öf-
ter wir an sie denken, tiefer wird und sich einprägt in
unser Dasein wie ein gesuchtes Relief. Und doch ist al-
les Leben nur Finden und nicht Suchen. Vielleicht sind
es nur die Vögel die mir den Eindruck verschaffen. Ich
muß jedoch heute merken daß es nicht nur das ist. Es
ist nicht dort draußen zu suchen, denn es ist tief in mir
drin. Dort finde ich. Dort finde ich den Abend, dessen
Bild sich nur im Äußeren spiegelt.

*

Venedig wie einst: Verlorene Blüte einstiger Zeiten.
Ein Wiederfinden in anderen Gefühlen. Obwohl sie ein

33

liebenswürdiges Mädchen ist, wäre eine Beziehung doch zum Scheitern verurteilt. Mein Gedanke, verfremdet. Nicht von mir. Sie ist jetzt abweisend, kalt und zeigt ihr reservierte und bissige Seite. Sie ist außerdem überhaupt schon gereizt. Meinerseits kein Schuldgefühl. Das ist ihre Sache. Ihr Engelsgesicht. Ich sehe in ihre Augen.

Wir haben das ausdiskutiert und ich werde nicht wieder diesen Fehler machen ihr etwas klar machen zu wollen. Ich blicke vor mich auf den Asphalt. Ich gehe nur. Ein Gehender.

Plötzlich vor uns die alten Gassen.

Wohlbekannt.

Ein behagliches Gefühl...

Ich gehe und dann plötzlich sehe ich mich auf einer Bank sitzen. Es ist Abend. Barocke Bänke und ihre Gefühle. Sie lächelt. Ich bin stumm. Verloren in den Gassen, gehe ich in Gedanken zurück. Nutzlose Zeit. Sie berührt meine Hand. Seltsam. Wie einst und doch fremd. Sie stand auf der Brücke und schaute hinunter ins silbern scheinende Wasser Vielleicht gerade deshalb...so tief und durchdringend. Ich stehe plötzlich. Sie rennt weg. Ich warte und schaue ihr nach. Wie verloren. Ich fühle nichts. Ich

merke wie sich der Mond in den kleinen venetianischen Fenstern spiegelt. Die Wände, alt und voller Vergangenheit.

Alte Beobachter, hundertjähriger Gebärden,...Blicke und Tiefe, unendliche Tiefe. Ruhe. Kerzenwachs auf dem Asphalt. Ich blicke zur Bank. Hinter der Bank, ein Kanal. Das Wasser, silbern...gleichmäßig. Ich warte. Plötzlich ein Gerassel. Hufe. Dann Stille.

*

Prolog.

In dieses Gesicht schauen. Schauen in ein Werk aus Schmerz und betäubenden Gefühlen...Traurigkeit muß in ihr sein. Schließlich dreht sie ihr Gesicht,...weg von mir. Ich warte. Dann höre ich mich sagen: „Der Mond ist schön". Ich merke daß sie weinen möchte. Dieser Abend hat sie schön gemacht. Ihre Augen suchen Halt, etwas das sie unverwandt ansehen kann. Dann die Lichter im Park. Blitzend, schrill...

Ihre Augen senken sich in die Nacht, ihre Gedanken müssen tiefer sinken, Sie öffnet die Lippen. Ich warte auf ein Wort,...Sätze...Sie sitzt nur und schaut. Dann plötzlich: „Du bist so gut zu mir". Ich blicke in die Rillen im Asphalt. Mensch sein. Ich fühle sie. Ich spüre ihre warme Hand, jeden einzelnen Finger. Ich muß merken wie sie fröstelt. In mir ist Leere.

Ich sage: „In dir ist so viel Schmerz", dann höre ich nur die letzten Vögel am Himmel. Wie sie kreisen in der Dunkelheit. Wie sie kreisen.

Alles ist ruhig. Dann sagt sie: „Ja!"

Wir reden. Zum ersten Mal in einer wahren und wirklichen Weise. Zum ersten Mal reden wir *miteinander*. Dann schweigen wir. Alles ist der Ruhe versprochen. Ich schließe die Augen.

Ich sehe nicht was sie tut. Ich fühle die Gebäude um uns, wie sie da stehen und beobachten. Wie schützende Wachen. Stumm. Stumme Beobachter ausgewählter Worte.

Sie spricht über ihre Gefühle. Dabei ihr Lächeln. Der helle Mond, dann ihre leichte Gebärde des Annehmens. Plötzlich mein Gedanke ob in ihr Frage ist.

Nach einer Weile, meint sie, sie sei allein. Ich verstehe was sie meint. Ihre Augen sprechen Verzicht. Schreien es. Schreien Reue, stumm,... in die dunkle Welt hinaus...Gehe in die Nacht hinein und sei Sternenregen...

ENDE.

Die Kraft zu lieben…

Das Leben ziert, im Halbdunkel, fein
die zart leuchtende Bewegung
der Gedanken, -Sprach so, einst, so rein
die Wandlung, der Liebe tiefste Regung?

Die Kraft zu lieben, -nährendes Licht
selbst Engeln schon zu göttlich,
zu einig; flüchtig es sich im Spiegel bricht,
zu freudvoll, tief, unsagbar,…himmlisch

Die Göttersprache, ringhaft spricht sie mir
Gedanke um Gedanke, flüsternd Welt
im kosmischen Geschehen, -dargestellt
im einzigen Geliebtsein. Geliebt von dir!

Die schöpfende Kraft

Um selbst das Unstillbare stillbar
zu machen,- grausam sei es wie ein
fernes Entweichen in die einstige
Vergangenheit, alter Gründe, die
jammernd und befleckt sich
dem Leben entziehen, Oh, Genius
du grausame Gewalt, du Drang
zum Dasein, geliebte Schlange,
Zeichen im ur-ewigen Grund
des Schöpfens...Du mein Bruder!

Dein Gesicht,
gänzlich hell und verklärt
in den tanzenden Schneeflocken.
Lächelnde Gebärden, in Stille
vollkommen erlöst,...
Ein Lächeln durch die Kontraste
von Weiß, welche die Abenddämmerung
zärtlich verwischt...
Nach und nach, ein Gefühl
von Engeldasein,...tief
in den Augenblicken
gemeinsamen Schrittes...

Die Wiederkunft

Damals noch als ich dich nicht
kannte, dachte ich in jeder Nacht:
Wer du auch sein magst: Licht
mag deinen Namen schmücken, erwacht

werden deine Augen in mich tauchen
und Mondenschein leuchte dir fern.
So ging ich, wartend einzutauchen
In die Welten aus Siegel und Stern

In der Nacht kam ich dir entgegen
Im Spiegel des Weihers geeint
Schritt für Schritt gehe ich, vereint
schon in unseren Seelen, auf unseren Wegen...

Nächtliche Aufzeichnungen

Sie fallen aus den Schlingen
des Bewußtseins, die Werke der Tage
Wie eine Legendenbildung, tragen
sie schwanger das Leben in allen Dingen

Eine Aufzeichnung, dunkel und klagend
ragt, vom Windhauch entfacht,
aus den tausend Blättern der Nacht
das fromme Stillsein offen wagend

So stehen wir am lichten Portal
eröffnender Kreise und Gänge, führend
des Menschen Schritt in den Saal
einstiger Feste, berauschend und rührend.

Gesandte der Anmut

Unmerklich verweilst du vor mir!
Die tausend Engelsgesichter vereint
im Pulsieren der Stille:
Wechselndes Schauspiel
scharenweiser Sterne,
in deren Blutsverwandtschaft
wir eins sind,...du
Gesandte der Anmut

An Auguste Rodin

Bedacht und schweigend bringt eine Hand
abgestimmte Gesten an den Weltenrand
Und bei Tageslicht dringen die Stunden
in die Gebärde feilender Runden

Ihm, dem Meister war Segnung
die einzige, tiefe Bewegung
und schien wie ein Verlangen der Luft
nach Sprache, Sinn und Duft

an Wohlgefallen und Gunst.
Euch war sie im Äther zu rein!
Deshalb stehen die Statuen allein,
deshalb ist *Sein* in dieser Kunst...

Werke des Lebens

Sei mir Lehrwerk, atmendes Leben,
das Studium meiner Erdenjahre,
das unhörbare Schweigen neben
Zwischentönen der freudvollen und klaren

Niederschrift im tröstenden Aufgang.
Dir bin ich Begegnung, Linderung
der Verwundung, die dunkel gelang
an den körperhaften Dingen, Erheiterung

in den Bogengängen, im Schein
alter Arkaden und Fußwege, endlos
im Bewußtsein der Sonnen, klein
im universellen Wechsel: klein in Gottes Schoß...

Golgothas Kreuze am Abend

Zergliedert erscheinen uns die Äste im
feinen Abendlicht,... in der Finsternis
zu später, tiefer Stunde,...ein Seraphim
der Rückkehr im Ringe der Nemesis:

Lautlos im flimmernden Lichte des grauen
Mondschimmers, über den eine Aura
des Ausstrahlens ruhte bis zum Morgengrauen
an den wartenden Kreuzen von Golgotha

Hingabe und Opfer an die Nacht, Erregung
eigenartiger, lautloser Leben im Bestehen
die dann sterbend sich angleichen
in der Bewegung
an die Geste des Seins,...sie aber gehen...

Zeichen der Zeitalter

Ein Zeichen zog in den Zwischenraum
von Zeitalter und scheidenden Stunden
Duftig, elfenhaft gebar ein Liebestraum
die Signatur der Welt im Überrunden

zeitlicher Vernunft, spiegelnd im Glänzen
Doch in den wunden Stunden der Seher
standen sie an den lichten Abenden, Grenzen
des gedämpften Schweigens,…So geht er

als Zeichen des Leidens, als Stummheit
im flutenden Lichtermeer: Stille
erbarmender Gefühle, Weichheit
der Bewegung als göttlicher, tätiger Wille

Osiris′ Flamme

Dunkel umwebt stehen die Lichter und Pfähle
vor den lichtdurchtränkten Statuen
jahrtausendalter Legenden.
Ich bin nicht dein Gott, bin deinesgleichen
Ich bin nicht dein Herrscher, bin nur du
Und dir, Falke, ist es Musik und Kraft...
Dieser Tod, durch die Weisung deiner
Inneren Flamme ist nur Wind,
dein Tod nur Abberufung,...
Heimkehr: das lichte Blau
deiner friedvollen Seele....
Osiris, Herr der Welt,...
Dir gebe ich sie, die Welt
der Seele, Ausdruck deines Auges...

Wir empfangen dich,
bereits damals warst du uns nah,
Bajal, so hast du in dir
Die Begabung deines Selbstes...getragen
zur weiteren Leiter
Die Antworten:
Jahrtausende...

Unter den Spitzen der Pyramide
die in Abendlicht gehüllt deiner

Nächte erster Lebenstakt war...
Doch nun,...geh mein Sohn,
weiche in die Welt deiner Brüder...

So gehst Du hin, in die unbeantwortete Leere
deiner aufgeopferten und friedvollen Nacht...
In deren Schein, ein Flüstern war,...
Essenz geistiger Zeugung,...
Am dritten Tage der Wiederkunft...:
Ein Stern weist stumm deine Zukunft
und ist deines Engels Heilung
in deinem Seelteich, still und klar

Strebsame Seele, erwacht
sei deine Liebe zum Sein,...vermehre
sie,...teile der Welt deine Zeugung mit...

Das Werden

Das Ertragen liegt in den Dingen
der unbedingten Welt. Der Baum
der im lieblichen Erklingen
des Werdens wächst, kaum

merklich wie eine Wunde die im Stillen klafft
Und dann, als solltest du ahnen
den Gott deiner Welt im Ermahnen
des Sinnes der alles erschafft:

Nun aber, Hirte der Träume, gelinge
es im Wesen deiner Hände Erflehen
so daß im Nichts der Dinge
die Welten deiner Wege stehen

Gebärden und Schatten

Du aber wolltest im Rauschen
deines lärmenden Werdens –durch
Gebärden und Schatten, Furcht
vor Sein, sinnend lauschen,

ob nicht doch noch im Gleiten
der Kleider, jenes Bild, das Verlangen
nach Zeit ist, versteckt scheint: Wangen
der Nacht, dem Tage nur Seiten

einer Gestalt. Und ob man sie fände
die Geliebte, die Gärten und Türen
die das Gold der Zeichen führen
und sich niederlegen in die prophetischen Hände...

Artemis Zeichen
(Das Zeichen der Muse)

Wie sie an den Zypressen mit aufgelösten
Haaren steht, steht die Welt in ihrer Glut
und ihr Himmel der sie abends trösten
mag ist draußen, -still und ruht

Und in der sanften Seele spiegeln sich Städte
und Engel umwehen ihre Wangen
in einem Hauch von Sehnsucht, als hätte
sie sie im Erwachen geahnt, die bangen

Stunden; und am lichten Himmel neigt
sich eine Stimme, wie ein Zeichen:
Ihr Blick, weitertragend und schön zeigt
sich allen Dingen, dankbar im reichen
Erkennen der Welt...

Geburt eines Cherubim

Es blickte traurig in dein Gesicht,
das zu Wunden gehört, nicht
aber zu jenen antlitzhaften Augen:
die Väter der Nacht...

Das aber warf dich in den Ring
der Alten, in den frommen Duft
der Tränen gehüllt, der silbern in der Luft
und in den Welten deiner Liebe hing
-das Kind des Beginnens

Doch das Gefühl war!
-Das Gefühl, Geburt eines Cherubim;
Weg deiner Liebe zu ihm,
dem Pilger der Nacht, Avatar
deines inneren Lichtes...

Seelen-Schneelandschaft

Sinken des ungeborenen Gezweige,
ernsthaftes Schneegestöber
in den stillen Gebilden des Dorfes
Blinzelnde Augen, suchend
nach geborenen Wegen im Schnee
[...]...

Nachklang

Um dich fallen wir
wie fallende Wände fallen,
taub und voller Nachklang
und schattenhaft ist der Hände Nähe
So still ruhen sie,
ruhen wie in klarem Laub
geborgen
Ein Pilger,
geworfen in die Dunkelheit,
als ginge er wie ein Vernichter
in die Tage, und:
Säulen sterben an den Füßen Gottes,
Engelsnamen flüsternd...
und fallen um ihn nieder
doch Neues gebärt sich
im ewigen Wandel −Shivas Ewigkeit

Die Nacht im Schloß

In diesem Schloß bist du geboren
In deinem Leibe du sein Flüstern spürst
An starrem Efeu gleitest, führst
du deiner Finger Welt vorbei, erfroren

müssen sie Teil sein deiner Traurigkeit
So gehst du in dich, ins Traumgesicht
zerfallener, verwitterter Namen der Zeit
doch bis zum Morgen zählst du sie nicht!

Verhüllt drängt sich wie ein Klagelied
formvollendet der Zypresse Bild
in dein vermengtes Herz; gestillt
verstummts in jeder Stunde die geschieht

Die Gewänder der Nacht

Die Gewänder der Nacht und der Zimmer:
Wie eine leere Vase des einstigen Gewollt-seins
Doch solche Spiele spielt man immer
doch nun —da alles Welt ist, weiß man keins...

Ein Spielball rollt lautlos und fern
dir zu, im werdenden Erwachen
So stehen sie vor dir, die Zeiten, wie Sachen
die keinem gehören und so gern

ineinander wären im Atem deiner kindlichen Spiele,
wie irgendjemand der im Kinde hörend
schläft,...(und solche Erwachen gibt es viele)
und doch: Das Werden im Zimmer ist ewig und stö-
rend!

Die Reise

Da: die sickernde Glut alter
Abende, müde von allen
Gleichnissen, wie ein kalter
Zweig der im endlichen Fallen
seines Seins entgegestrebt...
Entgegenstrebt? Wem? Verwirrt
gleiten die Winde über ihn hinweg
und alles schweigt verirrt
in der großen Welt –dem Versteck
der schweigenden Engel...

So aber stand er...

So aber stand er wie ein machtloses Vermögen
an den dunkler werdenden Laternen
und breitete seinen Tod in kleinen Bögen
zum satten Fluß aus und zu allen Sternen

Aber Gründe gelangen ihm wie eine Wunde
und wichen durch seine Seele heilig hinein
Doch: Ihm blieb eine schweigende Stunde
an der Seite der Wartenden. Sein Haus

war ihm kein Gemäuer, sondern ein Gang,
voll von stehenden und wankenden Zeiten
die wie ein verwehter, tiefer Gesang
in ihn drangen wie von tausend Seiten

Die Wächter

Ich kreise im Wächter wie ein Diadem
und kannte ihn einst: Er fiel
allen Gefühlen in die Stille und seitdem
wacht er über uns...Doch viel

blieb nicht in den fremden Lichtern der Alleen
und in ihm teilen sich wie tausend Geschlechter
die Gedanken der Ferne. Verstehen
aber vermögen nur die Wächter!

In ihm aber wehe ich wie ein Sturm
und bin Maße und Werk zugleich
Wie von Bildnissen gesucht ist der Turm
der Wächter, ihre Pforte, ihr Reich...

48

Stunden der Welt

In den Händen der Gründer
lagen die Stunden,
Worte der Welt, Wunden
vergangener Münder...

die weltlich leuchtend dich
umgaben, wie, bewußt vernommen
sie niemals mehr kommen
werden im sanften Licht

der Geister und doch: Die Welt
zieht an deinen Gedanken
und nimmt und gibt ohne Wanken
den Grund aller Dinge; still dahingestellt...

Geburt der Gegenwart

In einer verhaltenen Bewegung,
tief in einer Seele; leben wachsende Tage,
ein gemächliches Ausbreiten, Regung
einer singenden Antwort auf die Frage

nach den nächtlichen Gefährten
Ehe du geboren bist in der Gegenwart
des Werdens, Gegenstand in werten
Rührungen der urtümlichsten Art:

Wert, Bewegung! –Göttliche Monade, einend
den Trost der Gebärden, Sanftheit
der Dinge, die einsam und stumm weinend
sich stumm zählen in der ersten Dunkelheit

Des Menschen Ausmaß im Werden

Dies ist der Menschen Ausmaß, rein
im geistigen Umfassen, fern von Prägung,
unsagbar im Rühmen der Dinge, kein
Wesen im stärkeren Sein: Die nahe Weckung

des inneren Daseins; doch: Deinem
unnahbaren Gewesensein in den Stunden
sind sie fern; fern in den Gluten, eines
Wesens und seinen Sinnen-wunden

In der Geschichte, vergehend, hell umrahmt,
wie von unfertiger und zitternder Hand
hineingelegt in die Ferne des Geistes, erlahmt
im vergangenen Ringen, oft fern vom helleren Rand!

Gegenstand am Abend

Doch dann, auch schon nach Stunden
blicken wir dich an, wie eine ungezählte
Sache, die vor lauter Dasein die erwählte
Weise dazustehn, wie in schmerzlich wunden

Ewigkeiten endlich bricht und schweigt!
Wir aber bleiben so, im wechselhaften Schauen
bis dann die Standuhr schlägt und im genauen
Takt sich gleichsam wieder einer neigt:

Der Abend, der versprochen jenem Ding
ein Vorhang ist, als wär es fast
ein Trinken seiner letzten Glut; die Hast,
die längst Verlorene, bleibt still im eignen Ring
des Daseins...

Nicht das Brot...

Nicht das Brot, der Traum:
Oh, daß es gelang;
wie war es in mir, denn
nichts brachte mich weicher
in mich zurück!

Das war ein Sprengen der Grenzen,
-Wagnis der stundenlosen Seele:
Die Träume lieben, wie man
ein Geliebte liebt!

Augenblick

Wir trafen genug
das andere Leben,
im Hofe führten
Lippen Gebete

-Oh, unaufhörliches Rinnen
dauernder Laute...

Den letzten standen sie nah,
denn in allen stehen sie,
-überlassen sich fühlend
dem hundertfachen Augenblick...

In ihm wuchs langsam die Tat...

Florentiner Nacht I

Einst aber lebten sie, wie Gebete,
die vergangenen Werke des Rausches,
Nun aber: In den Ebenen losgelöster Hände
sinken sie wieder in die Weite des Urlebens,
bringend Neues, schlafen im florentiner Traum
einer hellen Nacht...
So lebten sie die Ewigkeit, wie den
Augenblick einer
Wirklichkeit Stille...
Dort hielten sie die Hände am
Geländer, nach dem Erwachen
aus dem Abend
nächtlicher Lust...

Florentiner Nacht II

Schatten ruhen auf der schlafenden Brust,
erstellen die erlaubten, laubhaften Hälften
des mondhaft Namenlosen...
So gelang Helios in deinen Schlaf,
wirkend wie Zeichen bewußter
Kreise eigenen Lebens...

Dort spiegeln sich die philosophischen Wasser
im wärmenden Intermezzo...
Doch kam urplötzlich,
in mich zurück,
im Dank eine neuen Tages,
voller anfänglicher Blicke...

Rückbesinnung

In den langen Fluren webender Schattenspiele
wirken die Perspektiven bleibender Menschen
im Blicke eines Ganzen...
Nun aber, dringen wir in die Reflexionen,
wenden uns als Beobachter in die
Abenddämmerung der Kontemplation

Träume bringen den Glanz der Nacht,
Schlaf trägt die Zeichen ruhender Herzen
Langsam schwinden die Menschen,
die Flure selbst sind Lehre
vergangner Tage...

57

Nächtliche Lichtwege I,1

Über den geschliffenen Steinen
liegt gründende Ruhe;
Stummheit im weglosen Dasein,
genügend in entsprechenden
Orten...
Lichtfäden empfangender
Nacht: Dort reisen Sterne
im stillen Wandern....

Nächtliche Lichtwege I,2

Sind dies Reflexionen?
Gebärendes Gefühl
im Nichtsein?
Tage sinds an denen
wir vorbeigehn,
vergessend die
blütenstaubätherischen
Gärten des Seins...
denn zuviel Tag ist
im Herzen des Ichs

Nächtliche Lichtwege I,3

Ist dies Bestimmtheit
der Nacht? −Wenn
draußen manche gehen,
und wissend Schritte
sind, hinstellend ins
Außen!
Träume sinds, denn
selbst sie werfen
sich ins äußre Maß,
sind Tiefe im Innern...

60

Nächtliche Lichtwege I,4

So verdrängen sie die
tief werdende Nacht:
Beide sind einend in
sich, finden Bilder
in bilderlosen
Übergängen –
So weht die Zeit,
in prophetischer Mitwelt...

61

Nächtliche Lichtwege I,5

Dort hast du mich
zum Meer geleitet,
dem Tempel tosender
liquidhafter Werke
der Zeit...
Unter schlanken Füßen
erinnern Spuren sich
an Berührung und Nacht...
Sanftes Lächeln formte
die wellenhaften Schatten
deines wallenden Haares
Dort am alten
Turm geschah Zeit...
und Wort...

Blüten und Knospen

Nichts ließ einfacher
sich berauschen
als dionysische Bewegung!
Wirbelnd aber wirkten
die Farben im Raume,
und konturenreich
gelang alles in den Traum
werdender Knospen und
Blüten, denn dies war:
Gefühl im äußersten Ausdruck...

Ringe des Wachstums spiegeln
kreisförmig, spiralhafte Welten.
Und doch: Veränderung
zieht Dich ins Äußere:
Dies ist das Schauspiel
der Hülle!
In ihr thront der Geist
wachend und sehend...
Zwischen den Dingen
liegt die Gebärde
des Außen...
Innen sind in jener Stunde,
da alles langsamen Schrittes
sich wandelt...,
die Atemzüge der
Sternennacht...

64

Waren es Engel, die
schillernd still in den
edeln Bereichen standen?
Waren sie's die in den
gewählten Tempelgängen
einander erkannten?
Und wenn? Ob sie's
auch üppig festhalten
im Erinnern der Augenblicke?

Manchmal fühlten sie
das Draußen; gingen
und fingen die
Lichtkegel auf schwerelosem
Schnee, leichtlebig,
sinnenfroh,
Kindern ähnlich, in welthaftem
Unbekümmern...

65

Drinnen aber folgten
Wenige, und wenn auch
im lauteren Außen einige
schweigend in steigenden
Geistern einander wagten,
sie waren's nie leid
des Anderen Lächeln zu
sein, des Andern Wort!
Ob sie's merkten, das
Flimmern des tanzenden
Schnees im glutvollen
Himmel?

Im Lichtermeer, das in Stille
geboren wurde!
In ihnen floß alles einend
zusammen: Dies war
Kindsein!

Man löste sich nicht
leichter aus dem Blick
einer Landschaft!
Wer aber sonst wagt
die Neigung, innig
und gewogen, zwischen
den Konturen
schneehafter Weiße?

Ist dort Bewegung?

Maßlos, ungezügelt
schloß ich die Augen,
wo duldsam die
Dialoge hinter Lidern
innen und außen
verschmolzen...

Herzstück aller Dinge sei
die Erde, sei Himmel,
sagt man.
Fragend aber drangen
Klänge in die Enge
bewußten Hörens!
Stören würden nicht
die Dinge des Seins.
Eins aber blieb:
Das Unmittelbare
im feingezeichneten
Dasein, So-sein
der Form in allen
Dingen schauender
Welten,
ausgedehnt und
uferlos!

68

In schneebedeckten Farbenflächen,
in Landschaftsbildern voller Sonnenglanz,
gehen Menschen vorbei; entlang wandelnd
durchqueren sie mit weiten Schritten, langsam,
zögernd, die Perspektiven der Welt.
Weltenschnee auf dünnem Hauch von
Morgenschein, sanft umhüllend die
Knospen der Natur, die wartend
sich hingeben,
dem Dasein des Tageslichts, und
sich einen im Dahingehen
menschlicher Eile...

69

Es sind Stunden des Erwachens in den
unzähligen Minuten der Welt, Licht
im Stundenchaos flimmernder Nacht,
Morpheus aber wacht waltend
in augenscheinlicher Betrachtung,
die schweigende Präsenz
nächtlicher Nicht-handlung!
wandelnd vereinen sich auch in Dir
die tausend Augenblicke
seiender Natur...
Mein Meister, höre, wo alles
in Dir Traum ist,
denn wahrlicher ist alles
in sich selbst geboren...

70

Im steinhaften Hang, von
aus sich wirkenden Nebelfeldern,
lichtvoll, zeitlos, Strahlen von
Sonne und Gemüt,
umrandend
die Kontemplation tausend
staunender Blicke...
In ihnen pilgern
geduldvoll die Chelas,
gehen wartend, aufblickend,
in jedem Schritt
ablösend das Harren
der Stunden...
Schweigen.
Pilgern.
Warten.

Genügt Ihnen das Warten?
Denn manchmal ist in ihnen
eine Zeile noch zu gedankenvoll…
sind still aneinandergefügt
wie Flügelpaare, die schweigend
sich anlehnen…
hinter ihnen flüstern
Andere, Hocherhobene,
kristallin und klar,
im Wortlaut von Schwingen…

72

Vernunft dringt tief in die
regenvermischten Abläufe
des Tages, fallen
seltsam sanft
in die Handbewegungen...,
berühren in sich selbst
das Erfassen
einer Welt...

73

Immaculata I

Hinter den Dornenbüschen
leicht geneigt im
Erwarten immanenter
Erfüllung: wartend,
die bläulich-schimmernden
Augen, von Tätigkeit
erfüllt: Die Eine...
An sich blieb sie
die Nähe einer Nacht,
wo alle Nächte
tausendfaches Teilen
blieben,
Immaculata, treue
Wartende,
stumme Muse des Sternhaften
Immaculata,
Teil einer jeden
Blüte, voll und reif...

Immaculata II

Stirbt man durch
ein Unsägliches?
Durch ein zu tiefes Berühren?
Und trägt dann,
mild und flüsternd
tausend Namen
auf roten Lippen,
Weltsternen und
Goldblütenbäumen
entgegen?
Keiner. Jedes
erfüllt das Sollen
hellichter Nächte,
und fühlt
Dahintreibendes
in sich, wie Blütenstaub,
flüsterndes Spüren
wie ein ruhendes
Meer!

Immaculata III

Warst du die Antwort
auf eine längst versprochene?
Oder nur eine Berührung
die wechselhaft im
gebenden Gesicht sich
hingab, dem deinigen?
Und daraus nun:
Daß Eines komme,
gehütet und in Tränen
erschaut, vor lauter
Antwort-sein...
Niemals gabs Ähnliche,
niemals schlossen sich
die Fragen, wie Gesichter
im Schlafe,
denn so schauten sie,
offenbart und rein,
wie Welt und
Unantastbarkeit!

Immaculata IV

Einst, in süßen
Abendstunden, rötlich
sonnenhaft und wiegend
überdeckt, wars
dennoch wirkend:
Jenes teilte sich im
sicheren tiefen Drang
der Seele, beides
zu erfüllen,
vereinend.
Längst vergangner
Tage, jahrhundertfaches
Erspüren.
Dies war Neigung
und des Falters
Blüte, liebhaft
lieblicher Stunden...

Moses

Erhebe den Blick,
falte dein Gewand,
schütze die Frauen
deines wartenden Volkes.

Sei Leiter des Geflüsters
in tobenden Stürmen,
sandfarben und dicht.

Erfühle die Wünsche,
sprich Gebete,
deinem Gott folge,
unabdingbar.

Die augenlose Wüste
spricht zu Dir, entrückt Dich,
und spiegelt, spiegelt
die treuen Augen
tausender
Männer und Frauen...

Enovia I

Du erbittest einen Augenblick,
nachtigallhafte Braut,
eines Winters Anblick?
Ein Holzschnitt birgt deine
Erscheinung, dein Bildnis…
Im neuen Winde verblassen
alle Horizonte,
alle Zeichnungen
alle Skizzen…
Blicklos umschmeichelt
die Leere das Panorama
deiner Welt…

Enovia II

Sie strahlen in einem neuen Feuer,
Verleumdung, Versäumnis, Vernunft:
Die vergangenen Nächte
der Regentag,
und die strahlenden Augen.
Die entfallenen bangen Stunden
in einem Bogen vorzeitiger
Sinne,
frühgereifter Waffen,
der Wirklichkeit entrissen.

Enovia III

Binäre Zeichen der Zeit:
Gespiegeltes Frausein,
in den Abenden der sich
suchenden Stadt.
Omen in den Schritten
auf kaltem Asphalt
Tausend Chiffren
geheimer Wegelagerer.

Das Scheitern ist's,
in niedergelegten Worten
geschriebener Sekunden,
dann: Das eingeebnete Fühlen…
wie hundert Sonnen
hinter dem Horizont…

Enovia IV

Suchende Lippenkonturen
spiegeln das letzte Abendlicht
zutraulicher Sätze und Worte
-Alle Silben spülen sich grobfädig
in einen Scheingrund aus Stille
gewoben,…
Sekundenweberei…
Es harrt das Traumgesicht
im Gesang sinnenreicher Ferne

Die Blinden sind Bilder
ihrer selbst,
empört stören sie die Stille
ihrer entliehenen Lebendigkeit,
sind sich eigen,
leben die Parabeln
von Tag zu Tag.
Tilgen ihr Abbild.
Bannen die weiße Nacht.
Sind Möglichkeit
figuraler Welten…

Äonenfalter,
Wegeremiten,
Die Ära des Zweckes
erblickt die Helligkeit des
Tages, oh biblischer Vater!
Eine stille Geburt,
die Verleumdung eines Symbols.
Lebe noch, Du, die duftende
Frist, denn dies wird sein:
Die Epoche unter Fahnen
liebt keine freie Geburt!

Alles trägt in sich
einen Rückweg, umhüllt
und würdevoll.
Verinnerlicht: Die Konturen
gelebter Tage, und ungefaßter
Stunden. Lautlos gleitet ein Umbruch
in die Tage der Zeit.
Schweigende Menschlichkeit dringt
in eine rötlichweiße Blüte
eines Tagtraums.
Drüben liegen die Brücken,
das offene Land
behutsamer Schönheit

Sanfte Hände sinds,
die in sich Vergangnes bergen,
geruhsam und alt.
Entströmende Tageswelten
umfasst die Ruhe der Nacht,
hegt Gedanken
huldvoller Verschalung gleich,
und: Seelenrufe ernten den
Schlaf...

2

Spiegelnächte

-Ein Gedichtzyklus (2002)

1

Diese sinds, die mit Seelenflammenzungen
sprechen,
die gleichsam ihre Liebe ergießen

in die alten Wege der Zeit...
Lieder gabs, und Legenden,
und schneller drangen die Himmel
und Stürme in die Arme des
Dahinlebenden.

Doch still mußte es werden,
still im Außen, und wachsam im Innern,
denn Boote gabs, so erinnerte man sich.
Und mit jenen, fuhr man, fuhr
den Fluß des Dahinlebens entlang...

2

Seelenwege sinds? Seelenwege!
Der Weltenlauf in allen Formen
brachte Seelen einst, im wirkenden
Wähnen neuer Taten...
Doch gleichsam wirken andre Mächte
sanft am webenden Werk der Welt

Wo Wege sind, sind Seelen,
Sind Spiegelseelen,
sind gottbespielte Saiten
im Leben allen Seins...

3

Die sanfte Beständigkeit
des alten Fährmanns,
die Erinnerung an die Winde
alter, vorbeigerauschter
erfüllter Tage...
Dies sind Lebenswandelzeiten,
dies sind die Träger der Erde
und des Himmels.
An allem hing das Gold
der Weisheit, in allem sichtbar
Gott und Leben...
Und sanft ruht das Ruder,
verbirgt sich bläulich in der Seide
des Vorbeifließens...

4

In den dunklen Straßen
leuchtend, bewegt:
Die dämmernden Lichter
einer frischen, kühlen Nacht
beseelter Umarmung.
Bereitsein ists, nach dem baldigen
schritthaften Vorübergehen,...
denkend, einfühlend.
Und dann sinds die gelebten
Momente aus Glück und Liebe
die eins werden im Augenlicht
derer die sind...

5

Hingabe, sagt man,
gibt sich an andere!
Doch warum schweigen
die meisten Münder,
wenn schuldhaft sie entdeckt
sind, in ihrem Wähnen und Lieben?
Doch ists Schuld nur,
wenn eins nicht ist:
Das Hingeben im schweigsamen
Geben, und nur eins ist:
Hinnehmen!

6

Alles Gelingen ist furchtbar,
denn anders ists den treuen
Dienern des Lebens verwehrt:
Das Lernen in anderen Augen,
an den sich Sterbenden, die
wartend und fühlend sich
werten?
Fast, so denkt sich das Unnennbare,
mag Gott sich in allem zeigen
und so verfließt die Zeit
am Rande allen Gelebtseins…
bis das Glück als solches erkannt sei.

7

Besonnenheit! Ist's Licht
bescheidner Welten?
Oder: Woran krankt die Welt,
wenn die Besonnenheit ein
unbekanntes Land betritt?
Menschen aber sind Teil,
einander Rahmen und Glied,
und Einheit wirds, nach
ewigem Verlangen
aller Teile,
wo Seelen sich verschmelzend
binden…

8

Seelen die sich leidend umwerben,
in jahrtausendalten Geschichten der Zeit,
sich binden und lösen und wirken:
Stets aber entflammt in ihrem Sein
die Sanftheit und das Wissen um
wahrhaftige Zuflucht im anderen Teil
seiner Selbst…, dem Seelenteil, der
still und wartend sich erlöst vom
ewigen Suchen der Ewigkeit…

9

Alle Wellenschaumgeborenen sind
das strahlende Abbild der wahren
Schönheit,
doch allzu gerne hebt ein Geist
den andern höher,
obgleich dasselbe Licht,
dieselbe Liebestiefe
aus einem göttlich-wahren Quell
entspringt...

10

Welche Bürde trägt der
Mensch, der Einzelne, in seinen
hundert Welten von Gedanken?

Denn tragend sind sie in der Welt

ob scheinbar oder seiend!
Unterscheidung wandelt,
waltet wahre Handlung,
und teilt die Himmel
eigner Kraft und Stille...
Nichts wird *mehr* sein als
Mensch, wenn liebend
er sich selbst besiegt,
denn wo Leugnung ist,
sind Spiegel allzu rar...

Hinter den Kreisen,
in Zeichen und Welten gehüllt,
wirken die edelsten Götter,
die Allwissenden der ewigen
Gegensätze...
Undenkbar aber bleiben
die Ringe der Sphären,
die tausend Sternenhimmel
im Raume der Zeit beanspruchen...
Unmerklich fliehen die Winter,
die Nächte, die Wege und Sonnen,...
Denn ewig präsent sind die Äonen
aller Beobachter...

12

Dies sind die Teile der Welt,
dies sind Zwietracht und Lüge:
In und um den menschlichen Geist!
Was innen, das trägt Samenbilder
in ein dunkles Außen,
Unbestimmt liegen die Wege
im Geiste beschämter Pilger…
Tausend Jahre noch, soll Teil
sein der Wegesmacht des Menschen,
der Menschheit selbst soll
jenes Sekundenschicksal blühen,
welches er sich selbst erbaut!
Ein Turm von Babel soll es werden,
ein Weg voll Kreuzung und Tun,
doch Leere ists, die Wahrheit schafft,
und so senken die Lider sich,
bis ein tausendjährig Werk getan erscheint…

13

Die amorphen Formen,
geteilt in den Sälen erneuter
Lebensschaffung…
Die fliehenden Lichter über
den alten erinnerungshaften
Steinböden, gemeißelt
im Angesicht alter Kulturen
Dort gelang es einst:
Die Gestaltung.
spiralenhafte Sequenzen,
erneut lebendiger Wesenhaftigkeit!
Nur eins gelang nicht:
Das Beherrschen allen Seins,
ohne Bewegung der weisen
Hand der alten, zerstörten
Weisen vergangener Tage…

Gütigkeit. Welch fremdes Wort
im Munde der wandelnden Figuren
in den hellen, durchsichtigen Räumen
des zeitlich längst aufgerufenen Lebens.
Die Blüten aber drangen, tief, im Wohlgeruch
von Essenz und Bild in die Weltlandschaften ein.
War es diese Annahme, die das Augenlicht
brechend erzwang?
Die Suche nach ewig Schönem?
Noch standen die Figuren, wie vertrieben,
aus sich selbst, am Rande ihrer Welt,
wurden staunend Teil ihrer selbst auferlegten
Landschaft...
aus Wirklichkeit und Traumgebilde.
Die Blüten aber welkten erst im letzten Atemzug
des Träumenden Einen...

Scheue Perspektiven gelangen in ihr Auge,
es wirkten die nostalgischen Bäder aus Liebe
und Neigung in ihren bebenden Händen,
es baten ruhend, und auserwählt, die Lippen
nach Unendlichkeit…
Wie Schnee fielen die letzten Traumgedanken
in ihre Wünsche,…unbegrenzt verlockten
die Vorzeiten ihrer Seele nach Abschluss und
tiefster Befreiung,…einst aber wurden sie geboren in
ihr:
Jene Übereinkunft seiend zu sein,
und: Liebend! Dies war ihr übermenschlicher
Erwerb im Weltenring: Die Liebe!

Über den Autor:

PASCAL DEBRA, 1978 in Luxemburg geboren, studierte Philosophie (speziell wissenschafts-theoretische Ansätze), Literaturwissenschaften und Linguistik an der Universität Trier und erwarb dort den Magister Artium Abschluss. Beschäftigt sich mit der Vielfalt von Weltan-schauungen und philosophischen Konzepten. War Lehrer für Philosophie und Ethik, unter-richtet aktuell in einer Privatschule.

Facebook: Pascal Debra

Weitere Schriften:

„Der Schachspieler" Roman (2009)(Neue Auflage 2017)

„Die Reisszwecke in der Regenrinne" Roman (2009)

„Die Evolution des Skorpions"Roman (2017)

„Äonenfalter −Gedichte und Koans 2002-2006"
Jubiläumsauflage 2017

Aesculus −Ein Gedichtzyklus in 5 Bildern. (Einzelausgabe 2017)

„Die Pathologie der Liebe" Roman. (2017)

„Horizontenstille" Gedichte aus den Jahren 1993-1998.
20jährige Jubiläumsausgabe 2018

„Ausgewählte Gedichte 1998-2002". (2018)